Paul Gisi
Atem stürzt in Atem
Gedichte

Books on Demand

Bibliographische Information der Deutschen National-
bibliothek: Die Deutsche Nationalbibliothek verzeichnet
diese Publikation in der deutschen Nationalbibliogra-
phie, detaillierte bibliographische Daten sind im Internet
über http://dnb.dnb.de abrufbar.

© 2018 Autor: Paul Gisi
Umschlagbild Ludwig Weibel
Herstellung und Verlag:
BoD – Books on Demand, Norderstedt
ISBN 9783752822793

Paul Gisi

Atem stürzt in Atem

Gedichte

Inhalt

I
Atem stürzt in Atem

Über verschattetem Land
dunkler Glockenklang –

ERDGEISTER TANZEN
MIT GEISTGEISTERN

in frostiger Hand
duckt sich Angst

*

Wuchernde Pilz   e
auf der Zunge

aufbäumendes Licht
zerklirrt im Herz

ENGEL MIT SCHÄDELFRAKTUR
IM FEUERTANZ

*

Gewichtlos
das Wort

ZWISCHEN HARAKIRI
UND KAMASUTRA

Regen fällt
in deinen Augen

fern
klingt
so etwas wie Ewigkeit
MIT TRAUMDUNKLEN KLANGFARBEN
BORODINS

*

BRANDUNGSGERÖLL
AM LAGUNENRIFF

Tränenmäander
nachtfiebrig
wie ein einzelgängerischer
Schwertfisch
im verlornen Ozean
IM LUSTRISS DES SEINS

*

8

Milchstrassen
schlängeln sich
   durch mich –

DER SCHÖNE PHAIDROS
ERGAB SICH DER LUST SOKRATES'

ach dass du das verstehst!

*

Traum und Wirklichkeit
paaren sich
n a c h t s
zum Wortbild
das ich dir schenke

ATEM STOCKT IM FERNEN ADAGIO

*

9

NICHTS –
Leere stakt
ins Raumlose

KOLLABIERENDER
SELEKTIVPNEUMATHORAX

du zählst
unbeirrt
die Blütenblätter

*

SCHREIDURCHRISSNE NACHT

unter deinen Füssen
brennt der Boden

jeder Schritt
führt dich näher
an die dunkle Tür

*

10

Ins Zeitlose gestürzt
fassungslos
unter der Feuerlinie
wortlos geworden
in der Stunde des Wolfs
TIEF VERSUNKEN
IM GEGENATEM
DES TODS

*

Zerbrochen
das gläserne Glück

DER BACHSALAMANDER
HUSCHT ÜBERS SAITENGEKLIRR

HIRNNERVENLÄHMUNG
ZUCKT IM AUGENMUSKEL

ein Wind
beginnt zu intonieren

ATEM STÜRZT IN ATEM

*

II

In Flammenwolken

EIN STACHELHÄUTER LEUCHTET
MIT FANGARMEN DES IRRLICHTS

in der Sinfonietta
tanzen KOBOLDE
seinstrunken
vor Lust

*

AUSGESPANNT ZWISCHEN
SCHLAUCHWÜRMERN
UND DEM STERNBILD PEGASUS

 ins Weglose geführt
vom Steinwurf
des Tods
ins letzte Niegewesensein

*

Worte
wie Mondkrater
     auf der Zunge
– so denkst du dir
das Schweigen
DIE KEILSCHRIFT DER EINSAMKEIT

*

Hakig gekrümmte
     Lippenblütler
philosophieren

DIONYSOS FICKT
DIE WEINREBE

     ich lasse es gut sein
          trinke mit dir Wein

*

ISAI ZEUGTE DAVID

vom Vogelschnabel
 geritzt
tausendjährige Täuschung

MITTSCHIFFS ANGST

*

Hin- und hergeschleudert
in Flammenwolken
 irr zerrissnes Licht
auf dem Grund
 der Augen

w a h n t a u m e l n d
wankst du
rettungslos
in den Abgrund
in dir

DUNKELWELLIGE VORBOTEN
DES TODS

*

17

Am Seeufer sitzend
mit Heliodors
schöner Chariklea –

winkt nicht
Aline
vom Horizont her?

DOMENICO SCARLATTIS
CEMBALOSONATEN
DURCHKLIRREN DEN HIMMEL

*

Die rasende
Kreisbahngeschwindigkeit
des Tods
reisst mich mit

doch noch lebe ich
– für dich

TRUNKEN IN DER ANBETUNG
DES SEINS

*

LES FLEURS DU MAL

das Universum
ist eine Träne
an der Wimper Gottes –

unendlich fern
NAH IN MIR
wälzt sich ein dunkler Strom
ANGSTRIFFLIG
melodietaumelnd
ekstatisch
INS UNERGRÜNDLICHE

*

BYZANTINISCH-SLAWISCHE
GESÄNGE
IN DER WELTENHARMONIE

T R Ä N E   G O T T E S

lass dich nicht täuschen
von den unendlichgestaltigen
W i r k l i c h k e i t e n

alles ist SINNBILD
DES GEISTIGEN

*

III

Aufs Überschwängliche hin

Zeitriss
im Blut
du schaust dich
nicht um
gehst weiter
zum Menhir
INS UNDEUTBARE

*

Einsamkeitswund
dämonische Stunden –
teuflisch gezähnte
Verzweiflungen

HOCHTAKELUNG
AM MAST DES WELTALLS
VOM ENTSETZEN GEBLÄHT

*

Flammende Nacht
IN DER UNBEGREIFLICHKEIT

ohne Spur
im Zeitpochen
der Galaxien
im *stockenden* Herzschlag

– IN DER DURCHSICHTIGKEIT
ALLER PHÄNOMENE

*

Du ergreifst
zittrig
das Nichtzählbare
verstummt
im Orionnebel
des Traums

LEUKIPPOS SINNIERT
ÜBER DIE LEERE

*

Unsagbar
das Geheimnis
   des Quastenflossers
OHNE ABNEHMUNG
ODER ZUNEHMUNG
DES MENSCHLICHEN GEISTS

       *

Mit dir
in den Gärten
   von Nîmes
AUFS ÜBERSCHWÄNGLICHE HIN
ins Ewige hinein
im Kuss

       *

TRÄUMEND
IN MEINER EREMITAGE

stockend
   lockend
      blockend
VERSUCHUNG
vom Tertiär her
ins Jetzt

*

Zugvögelschwärme
kerben
   das verlorne Wort

O WELTINNEWOHNENDES
   U R E L E M E N T   G E I S T

*

Schön
sich zuzuwinken
in der Apokalypse

TRILLER DER LUST

*

DUNKELSTRÖMIG
DAS WORT

Wahnsinn
wurzelt
in mir

   – im Schatten
     der Spiralgalaxie

*

IV

Angstgeriffelte Wellen

Vom Anfanglosen
berührt
schenke ich dir
das BENEDICTUS
des Weltalls

   – mit Tränen
der Verzweiflung

       *

Angstgeriffelte Wellen
überfluten
   die Dämmerung

RIMBAUD IM LABYRINTH

       *

SCHREIE BIZARR
 UND POLYMORPH

im Lichtriss
tanzen Trugbilder

todstaksige Verdunkelung
 atemlos

*

SILHOUETTEN
 DES WAHNS
spiegeln sich
in deinen Augen

Rilkes Orpheus singt

*

Die Amöbe
ist reizbar
wie ein uralter Gott
a n g s t s t i m m i g
in der Täuschung

*

Ausgehöhlt
von den Mollusken

dennoch
das Weltall
zu umarmen
lasse ich mir
nicht nehmen

MOZART IN DEN FIBRILLEN
DES GEHEIMNISSES

*

Der Schrei
in der Wildnis
deiner Einsamkeit
verhallt ungehört
in den Zerklüftungen
   des Nichts
IN DER WINDSTILLE
   DES TODS

*

Sterne
Wundmale Gottes
im Fiebertraum
   der Vergänglichkeit
   und in Asche gesunken
   der Ziellosigkeit
o blutendes Theater!
IN DER HÖLLE VON BAZILLEN

*

Nachtstundenschwarz –
übers Spinett
  huscht Angst

du bist dir
selbst überlassen

SCHIZOPHRENE TRANSFORMATION

*

ELEGIE DER LIEBESSEHNSUCHT

Pfeife rauchend
sitzt
der Zackenbarsch
in seiner Höhle
im Sternbild
der Wasserschlange

PAUL-KLEE-VERTRÄUMT

*

V

Eng umschlungen mit dem Sein

SINFONIE DES ROTEN FINGERHUTS

eine Weltsekunde
   misst das Dasein
     uns zu

HAFIS SCHENK WEIN EIN

*

RODIN
   STÜRZT
     IN DIE WELT –

böig der Wind
des Weltalls
in deinem Atem

*

Frauenschuh
türkisgrün
  und rot getupft –

OPIUMALKALOID

  der Mondfisch
  hört Chopin

*

SCHAUSPIEL DER STERNE

perlend die Hoffnung
im Glas
der Hoffnungslosigkeit

*

In der Verdunkelung
hinter dem Augenlid
GEISTVERDÄMMERUNG

aus dem Entgegengesetzten
steigt Ahnung
des E i n s s e i n s auf

*

BEGRABEN
IM FERNSTEN FELSGRAB

Oboenklage
im schrundigen Zeitlosen –

zu wissen
gibt es nichts

*

Stabat Mater
im Gehäuse
    der Verzweiflung
in den Äonen
des Tods
im Niemals
des zerschundnen Lebens

WORTBASILIKA

*

Traumdunkel
zerfetzt
    die
Nacht

DER KIRCHTURMHAHN
BLICKT ENTSETZT
AUF DIE WELT HINUNTER

*

In Nachtströmen
z021;ngelt Lust –

VAGANTENLYRIK
AUS DER CARMINA BURANA

Aufhellungen
Verdunkelungen
im rasenden Blut

*

HARFENSPIEL DER MEERFEE

kobaltblaue Rabenfische
in den Seegraswiesen
    jenseits des Augenblicks
ENG UMSCHLUNGEN
MIT DEM SEIN

Paul Gisi wurde 1949 in Basel geboren.
Lyriker, Schriftsteller, lebt in Rorschach
(Schweiz)

zackenbarsch.gisi@gmail.com
www.zackenbarsch.ch